APPEL

A L'HONNEUR

DES ÉLECTEURS

ET DES DÉPUTÉS DE 1824.

IMPRIMERIE DE MIGNERET, RUE DU DRAGON, N.° 20.

APPEL

A L'HONNEUR

DES ÉLECTEURS

QUI NOMMERONT

ET DES DÉPUTÉS

QUI VOTERONT EN 1824,

SUR LE MODE DE RENOUVELLEMENT DE LA CHAMBRE ÉLECTIVE ;

Par M. le V.te DE PRUNELÉ, ancien Député,
(membre de la Chambre de 1814.)

2.me ÉDITION.

1 fr., et 1 fr. 25 c., franc de port par la poste.

A PARIS,

Chez J.-G. DENTU, Imp.-Lib., rue des Petits-Augustins,
N.º 5, F. S-G;
Et à son dépôt de librairie, Palais-Royal, galerie de Bois, n.º 465
et 266.

1824.

OBSERVATION PRÉLIMINAIRE.

Lorsqu'on a fait une étude constante des intérêts de son pays, et qu'une des questions les plus importantes pour les destinées de la patrie devient l'objet de discussions publiques, doit-on rester muet?....... Si mes principes me le permettaient, je n'aurais pas le chagrin d'élever aujourd'hui ma voix contre des hommes (1) dont j'honore les talens, et à plusieurs desquels je porte un attachement sincère.

(1) Les Ministres.

INTRODUCTION.

A peine la France pouvait-elle suffire à l'admiration
que lui faisait éprouver une expédition, où tout a
été marqué au coin de la loyauté, de la générosité, de
la sagesse, et de tous les genres de courage ; d'une expédition où tout a été grand ; le Monarque qui l'a conçue et ordonnée, le Prince auguste qui a tellement
répondu aux royales intentions que les expressions
manquent pour peindre tant d'héroïsmes réunis, l'ar-
mée, dont tous les membres ont rivalisé de dévoûment
et de zèle, le Cabinet qui, par la sagesse de ses mesures a pourvu à tout, les bons Français, enfin, qui
par leur résignation aux sacrifices que la noble guerre
pouvait exiger, et par leurs éloges ont pris aussi leur
part d'héroïsme et de gloire.

La paix extérieure semblait nous présager des jours
heureux. On espérait que le vaisseau de l'état, manœuvré
par un équipage habile autant que fidèle, naviguerait
majestueusement sur une mer calme, évitant tous les
écueils, et voilà que, navigateurs téméraires, ceux pré-
posés à sa conduite, veulent lui faire braver de nouveaux orages.

Mais, parlons sans figures ; voilà que les ministres
nous enlèvent, si l'on peut s'exprimer ainsi, aux sen-
timens de nos cœurs pour nous livrer à ces discussions

constitutionnelles qui dessèchent l'âme. Voilà qu'ils veulent apporter des modifications , *au moins intempestives*, à notre pacte social ; qu'ils nous inquiètent sur nos libertés , sur notre avenir.

Le ministère veut substituer au mode d'élections partielles et quinquennales , établi ou plutôt conservé par la Charte, des élections intégrales et septennales. Il a cru devoir choisir , pour arriver plus sûrement à son but , le moment où un prince auguste , en déployant toutes les vertus à la tête de ses armées , a dû ramener à la cause royale les hommes de bonne-foi qui étaient dans les rangs opposés. Il a cru , afin d'assurer son triomphe , devoir dissoudre la chambre.

La question du renouvellement intégral de la chambre des députés a été diverses fois mise en avant depuis la restauration ; d'abord , par la majorité de la chambre de 1815 , qui voulait ce mode de renouvellement et la quinquennalité. Ensuite , plusieurs des ministères qui se sont succédés auraient voulu , à l'exemple de l'Angleterre que nous n'avons pourtant, hélas! que trop imitée, nous donner des élections intégrales et septennales. Tous auraient trouvé *plus commode* de gouverner en présence de députés élus à la fois, et pour un assez grand nombre d'années , qu'en présence d'une chambre dans laquelle il arrive tous les ans un peu de jeunesse parlementaire, tourmentée parfois d'un zèle de novice qui paraît gênant aux ministres , et pourtant qui ne peut guère produire de résultat.

Toutes les fois que des bruits publics avaient appelé mon attention , mais attention fugitive , sur des projets semblables à celui qui occupe aujourd'hui la France et même l'Europe , ils ne m'avaient point trouvé disposés en leur faveur. Voyant les Ministres que mes vœux avaient appelés au timon des affaires , vouloir , *en quelque sorte* (1) , exécuter ce qu'à la tête des roya listes de la chambre de 1815 , ils avaient désiré ce qu'à la tête des libéraux d'autres ministres avaient également voulu , je me suis méfié de ma manière do voir , et j'ai cherché à me convertir. J'ai donc lu tout ce qui a été écrit en faveur du renouvellement intégral et septennal , du moins tout ce qui est parvenu à ma connaissance , et néanmoins , au lieu d'abandonner ma première opinion , la méditation , le raisonnement m'y ont confirmé.

Je crois, d'après cela , devoir soumettre au Public , et aux Ministres eux-mêmes, les motifs qui me paraissent devoir faire repousser ou modifier la mesure en question.

Il faut la ferme persuasion que l'on travaille au bonheur de son pays, pour attaquer, comme je vais le faire, l'artillerie ministérielle.

Comme les nombreux écrits , sous les poids desquels les écrivains du ministère cherchent à écraser leurs adversaires , reproduisent les mêmes idées, je crois devoir choisir de préférence , et presque exclusivement pour y répondre , les principaux articles du Journal des Débats , qui vont être copiés.

Les écrivains ministériels ont en général défendu la mesure que veut prendre le ministère , à la manière des avocats. Ils ne l'ont envisagé que sous le point de vue qui leur est favorable ; ils ont victorieusement répondu aux objections faibles. Ils ont usé de l'arme du ridicule ou du dénigrement ; ils ont supposé la cause opposée ne pouvoir être soutenue que par les petits esprits , les gens à courte vue ou les ennemis de la légitimité.

---

(1) Ce n'est pas sans dessein que j'emploie cette expression ; mon motif se trouvera expliqué dans la suite de cet écrit.

Nous suivrons une autre marche ; nous chercherons à examiner la question , avec l'impartialité imposée au ministère des avocats-généraux.

(5)

DISCUSSION.

Dans le n.° du 6 novembre du journal des Débats, on lit : *Il faut lui rendre cette justice,* (*à M. le Ministre des affaires étrangères.*) *qu'il nous a appris à connaître, et comme enseigné le gouvernement représentatif. Or, dans* la Monarchie selon la Charte, *ainsi que dans les discours du noble Pair, on retrouve partout la doctrine constitutionnelle du renouvellement intégral.*

Ce renouvellement ne pouvant être introduit d'une manière simple et juste que par une Chambre nouvelle dont les députés seraient tous de même élection, ayant tous, en vertu de cette élection, les mêmes pouvoirs et le même temps à siéger.

Mon admiration pour les talens du noble Pair est grande, mais je ne crois pa ·'on doive adopter avec une égale confiance toutes ses opinions politiques.

Pourquoi le renouvellement intégral ne pouvait-il être introduit *d'une manière simple et juste* que par une Chambre nouvelle? Est-ce que des députés, élus à diverses époques, auraient moins de connaissances du gouvernement représentatif, que s'ils avaient été réélus simultanément? Est-ce qu'ils seraient moins propres à discuter une grande question constitutionnelle?

Il était, ce me semble, beaucoup moins *simple* de dissoudre la Chambre que de la laisser subsister, de *diriger* (1) les élections dans un cinquième des dé-

----

(1) En attendant que je combatte cette expression, ou du moins les idées que l'on rend lorsqu'on l'emploie, je m'en sers parce qu'elle est à la mode.

partemens que dans tous. Quant à la *justice* de cette mesure , où est-elle ? Est-il juste envers une chambre fidèle et dévouée, de la renvoyer par reconnaissance de son dévouement (2) ? Est-il *juste* envers la France de lui donner pour *juges* d'une question constitutionnelle de la plus haute importance , des hommes que l'on intéresse à prononcer selon le vœu du ministère ? Mais , dira-t-on, que doit faire l'intérêt des députés , si celui de l'état s'y trouve conforme. Devraient-ils , par un désintéressement mal-entendu, voter contre l'intérêt public , parce que ce serait voter contre leur intérêt particulier ? Non sans doute. Mais , appeler tout exprès des hommes pour les placer dans la position de *partialité* , ce sera, aux yeux des uns, de l'adresse et de l'habileté, aux yeux des autres de l'astuce et du machiavélisme , *mais de la justice , non*.

Dans les Débats du 7 septembre , on lit : *Chose remarquable ! la Chambre des députés de 1815 avait par amendement , (au projet de loi relatif aux élections), substitué le renouvellement intégral au renouvellement partiel.*

Or , on n'a jamais nié , ce nous semble , le royalisme de la Chambre de 1815.

Espérons que les royalistes qui s'élèvent aujour-

---

(1) Mais les mêmes hommes seront réélus. Comment le savez-vez-vous ? êtes-vous sûrs des électeurs ? Leur impose-t-on tellement la loi qu'ils ne puissent s'en écarter ? Si cela est , pourquoi déranger dans toute la France l'élite de la population ? Il vaudrait mieux sans détour charger les Ministres de la nomination des hommes auxquels la Charte a confié le soin de surveiller leur manière de gouverner et d'administrer , puisqu'elle leur donne le droit...... que dis-je , puisqu'elle leur impose le devoir de les accuser dans certains cas.

d'hui contre le renouvellement intégral reviendront après quelques réflexions à leur première opinion.

On n'a certainement jamais nié le royalisme de la Chambre de 1815, mais on a pensé avec raison que cette Chambre avait été plus zélée que propre aux affaires. D'ailleurs, elle était dirigée par les hommes qui, maintenant, arrivés au pouvoir, se trouvaient déjà désignés par l'opinion de leurs collègues, comme destinés à y pervenir immédiatement. Il n'est donc point étonnant que l'on ait émis alors un vœu tout-à-fait dans les intérêts ministériels : nous devons, en conséquence, le considérer comme ne faisant qu'un avec l'opinion des ministres actuels.

Espérons à notre tour que les royalistes apercevront toutes les conséquences de la mesure que les ministres veulent faire adopter, et que, si elle leur paraît devoir produire un peu plus tôt ou un peu plus tard de funestes résultats, une habitude de confiance dans les hommes qui, avant de changer de position, combattaient à leur tête, ne les déterminera point aveuglement à suivre l'impulsion ministérielle dans l'affaire qui nous occupe.

Quoiqu'il en soit, M. de Chateaubriand défendait à la Chambre des pairs l'amendement de la Chambre des députés, et voici ce qu'il disait :

Le renouvellement partiel change le principe du gouvernement représentatif composé des trois pouvoirs, monarchique, aristocratique et démocratique ; il en fait disparaître le dernier. Il donne à la Chambre des députés une perpétuité d'existence de la plus dangereuse nature. Il tend à faire des députés eux-mêmes des espèces de pairs populaires, comme nous sommes des pairs royaux. Ainsi, il y a chaos et confusion dans les élémens.

Si vous dites que le pouvoir de dissoudre la Chambre des députés, dont le Roi est investi, rétablit la nature des choses, on répond que ce pouvoir, placé contradictoirement auprès du renouvellement partiel, ne peut être exercé que par une espèce de coup d'État. Ce pouvoir, toujours manifesté au moment de la tempête, sera donc placé dans notre constitution comme ces signaux de détresse employés par les vaisseaux en péril, et qui ne servent trop souvent qu'à annoncer le naufrage.

Par le renouvellement partiel, vous entretiendrez une fièvre lente dans la France ; vous laisserez la carrière ouverte à l'intrigue et à l'ambition ; vous placerez les ministres dans la position la plus pénible : chaque année, étrangers pour ainsi dire à la Chambre des députés, comment connaîtront-ils l'esprit de cette Chambre ? comment seront-ils jamais sûrs de la majorité ?

A peine commenceront-ils à s'entendre et à marcher avec les nouveaux députés, que le renouvellement partiel viendra tout détruire, déranger toutes les combinaisons, briser tous les liens de la concorde, changer la face de l'avenir. Le ministre, toujours harcelé, toujours incertain du lendemain, sera dans l'impossibilité d'étendre ses vues au-delà d'une année ; il lui faudra renoncer à ces vastes plans qui se déroulent avec lenteur et qui ne peuvent s'accomplir qu'autant que le gouvernement est stable et l'opinion publique fixée.

Ainsi, point de ministère durable, ou du moins

tranquille avec le renouvellement partiel ; point d'homme de génie dont les desseins soient assurés.

Je ne vois point comment le renouvellement partiel change le principe du gouvernement , comment il en fait disparaître le pouvoir démocratique (1) , donne à la Chambre des députés une perpétuité dangereuse , puisque la Couronne peut la dissoudre , non-seulement au moment du danger , mais sur la moindre apparence d'un danger , mais sans autre but que d'user de la prérogative royale.

Je conviens , qu'en théorie , on serait tenté de croire que le renouvellement partiel devrait rendre les ministres plus circonspects à user du droit de dissoudre; mais comme depuis huit ans nous avons vu casser trois fois la Chambre , il me semble qu'on peut être rassuré relativement à l'exercice du droit de dissoudre , quel que soit le mode du renouvellement.

La seule différence entre l'exercice du droit de dissoudre sur une Chambre dont les membres ont été partiellement élus , et ceux dont les membres l'ont été simultanément, c'est que, dans le premier cas, la dissolution pèse inégalement sur les députés , et par suite sur les électeurs , tandis que dans le second elle porte également sur tous. Cette considération , quoique secondaire , est cependant de nature à rendre les ministres plus circonspects à dissoudre la Chambre , dans le premier système que dans le second; mais elle est aussi de nature à disparaître devant un intérêt tant soit peu

____

(1) On ne se serait peut-être pas douté que c'était par tendresse pour ce pouvoir, que ce noble Pair voulait rendre les élections intégrales et septennales.

majeur. En faire le motif d'un changement qui, d'un autre côté, a des inconvéniens graves, ce serait, osons le dire, manquer de cette sagesse qui constitue les hommes d'état.

Si par le renouvellement partiel vous entretenez une fièvre lente en France, par le renouvellement intégral vous lui donnez une fièvre chaude. Je conviens que le renouvellement partiel laisse aux hommes qui ont échoué dans un département, quelques chances pour être élus dans un autre l'année suivante. On peut en général se fier aux ambitions locales pour neutraliser celles des étrangers aux localités. D'ailleurs, ajoutez deux lignes à la loi des élections, et vous avez métamorphosé un abus en un véritable avantage ; il suffit pour cela d'exiger pour les candidats présentés dans des départemens où ils n'auraient point leur domicile politique, une majorité des deux tiers des membres ayant droit de voter ?

Quoi ! le renouvellement partiel rendra chaque année les ministres étrangers à la Chambre ; mais, en général, la moitié ou les deux tiers des députés sortans sont réélus ; ainsi, la Chambre reçoit au plus un dixième de nouveaux membres. On se plaignait naguère que ce mode d'élection donnait à la chambre une sorte de perpétuité, apparemment des vues, de principes politiques ; maintenant on lui fait un reproche qui me paraît impliquer contradiction manifeste avec ce que l'on avait précédemment dit. D'ailleurs, les faits parlent plus haut que les raisonnemens, puisque les élections partielles n'ont point empêché d'opérer la libération de la France envers les puissances étrangères, d'établir un système d'amortissement fortement constitué, d'opérer la diminution de la contribution foncière.

Nous voici arrivés à la principale objection : *Comment les ministres seront-ils sûrs de la majorité ?*

C'est surtout cet argument qu'il s'agit d'examiner. Il est bon sans doute que les ministres aient dans les deux Chambres une majorité qui les soutienne, qui les fortifie dans leur manière de gouverner et d'administrer, lorsqu'elle est bonne ; mais le service du Roi, mais le bien public, exigent qu'ils n'obtiennent cette majorité qu'en prenant de sages mesures de gouvernement, qu'en administrant avec justice, avec économie. Or, pour que cela soit ainsi, il faut qu'ils éprouvent constamment *la salutaire crainte de perdre la majorité.* Cette crainte est la véritable garantie du monarque et de la nation. Elle est l'essence du gouvernement représentatif. Anéantissez cette crainte, soit par l'effet de mesures, soit par la corruption, soit par l'un et l'autre moyen réunis, et le gouvernement représentatif n'est plus qu'une charlatanerie : vos Chambres, vos discussions, deviennent des représentations théâtrales.

Il est bon qu'un ministère soit durable, mais il n'est pas également à désirer qu'il soit tranquille dans le sens où on l'entend ; ni que les desseins d'un homme de génie soient assurés dans le cas où ces desseins se se trouveraient contraires aux intérêts de l'Etat. Si les desseins d'un ministre, homme de génie, doivent concourir au bien public, il emploiera ce même génie à répandre la lumière dans la nation, à se mettre à la portée de tous, à satisfaire la loyauté publique, et alors un concert presque unanime d'adhésion donnera au ministre, quel que soit le mode de renouvellement des députés, une force immense.

Rapportons encore textuellement une citation du même discours du noble Pair.

Si ce système, à la fois changeant et perpétuel,

(12)

s'oppose, par son côté mobile, au repos et à la gloire d'un Etat, par son côté fixe il peut produire les plus grands malheurs. Qui nous garantit qu'un jour il ne se formera pas une coalition fatale entre un ministère ambitieux et une Chambre ambitieuse et perpétuelle! Dans ce cas, le cinquième que cette Chambre recevrait tous les ans serait facilement ou séduit, ou enfin divisé de manière à n'offrir qu'une opposition impuissante. Toutes les libertés de la France périraient dans cette combinaison oligarchique, qui donnerait des tuteurs aux Rois et des maîtres aux peuples.

Je crains, je l'avoue, que la France soit menacée de ces combinaisons, qui donneraient des tuteurs aux Rois et des maîtres au peuple ; mais ce n'est ni dans le renouvellement partiel ni dans le renouvellement intégral, pris isolément, que je vois ces dangers. C'est dans le système général du ministère ou des ministères successifs, lequel consiste à nommer, autant que possible, les députés ; à porter, par tous les moyens, atteinte à leur indépendance ; à laisser la responsabilité des ministres une illusion, puis à se servir de ce prétendu fantôme de la responsabilité pour exercer un pouvoir absolu sous le nom du monarque, en lui refusant, pour ainsi dire, le droit de vouloir, parce que ceux qui exécuteraient ses volontés, en deviendraient, dit-on, responsables (1). Ainsi, *tuteurs des rois* par le jeu des ressorts que je viens de dévoiler, les Ministres *maîtriseraient le peuple*, par l'exercice de la puissance royale d'une part, et par la docilité des Chambres, de l'autre. Or, avec des députés élus pour sept ans, on asseoirait bien plus facilement, bien plus tranquillement le despotisme ministériel, qu'avec une

____

(1) Je me propose de traiter dans un autre écrit cette question tant obscurcie à dessein, de la responsabilité des Ministres.

Chambre dans laquelle le renouvellement partiel pourrait amener de temps à autres quelques députés éner-
giques, sages et dévoués, espèce d'hommes que les ministres de toutes les couleurs craignent, et que par con-
séquent ils éloignent lorsqu'ils le peuvent.

Le journal des Débats du 19 novembre contient un
grand article relatif à l'objet qui nous occupe ; comme
cet article est relatif au droit essentiel à la couronne
de dissoudre la Chambre élective, à l'usage qu'il est
bon d'en faire pour ne point laisser périmer ce droit,
et que nous partageons les doctrines de l'auteur de l'article, qui avait encore pour but de rassurer les royalistes de la Chambre alors existante, relativement auxquels nous n'avions aucune inquiétude ; nous nous con-
tentons de copier le fragment suivant et d'y répondre.

*J'aime assez l'opposition ; elle plaît à l'indépen-
dance de mon caractère, à la tournure de mon esprit,
je dirais même à ma paresse, car le rôle de ministériel est bien autrement pénible et fatigant que celui
d'opposant : aussi serais-je très-fâché de voir toute opposition disparaître. Mais à cet égard je suis fort
tranquille ; je m'en fie, et sans crainte, aux ambitions, aux rivalités, aux antipathies, à toutes les
passions qui fermentent dans le cœur de l'homme.*

Je ne croyais pas que le rôle de ministériel fût
plus pénible que celui d'opposant. Ce n'était pas l'opinion des rédacteurs du Conservateur ; mais ce qui est
remarquable, surtout dans la citation ci-contre, c'est
la phrase qui la commence. Vraiment les ministériels
qui aiment l'opposition entendent leurs intérêts ; une
opposition faible en nombre, faible en raison, serait ce
qui pourrait le mieux convenir aux ministres, ils auraient ainsi des opposans qui n'empêcheraient rien, et
qui donneraient un air de liberté aux délibérations.

Le journal des Débats du 22 contient en entier un écrit dont nous allons extraire les articles auxquels il nous paraît essentiel de répondre.

Si l'on eût dit, il y a quelques mois : Une guerre heureuse, entreprise et soutenue par les royalistes, achèvera d'écraser la révolution en Europe.

Après cette guerre, on proposera une mesure réclamée depuis long-temps par les royalistes, et dont le résultat sera de donner plus de stabilité aux institutions monarchiques ; alors les royalistes repousseront cette mesure ; ils ne seront avertis de leur faute ni par la douleur de leurs amis, ni par la joie de leurs ennemis ; aurait-on cru à cette prédiction ?

Commençons par relever l'expression de *mesure réclamée par les* royalistes, ce qui semblerait indiquer que l'opinion favorable au renouvellement intégral et septennal avait été l'objet des méditations des royalistes en général (1), et qu'elle aurait été adoptée par eux à l'unanimité ou à peu près.

Pour exprimer ce qui eut véritablement lieu alors, il faut dire que cette mesure fut réclamée par *des* royalistes, ceux qui composaient la majorité de la Chambre, ce qui est fort différent ; mais cette majorité, ainsi que nous l'avons déjà observée, était neuve aux affaires, et votait sous l'influence des députés qui sont ministres aujourd'hui.

La première objection contre l'introduction du renouvellement intégral et septennal, c'est qu'il viola un article de la Charte.

Nous croyons être pour le moins aussi constitutionnels que nos adversaires ; et c'est par cette raison

---

(1) J'entends non-seulement ceux de la Chambre, mais ceux qui composent la grande majorité de la nation.

même qu'il nous est *impossible de concevoir le gouvernement représentatif sans l'admission du principe adopté en Angleterre que le* Parlement peut tout. *Il faut s'expliquer.*

Il y a des choses que la Couronne et les deux Chambres ne peuvent faire : elles ne peuvent pas détruire ce qui constitue l'ordre politique dans lequel nous vivons. Cet ordre consiste dans la royauté, dans la division du pouvoir législatif, dans le maintien de la religion, dans la garantie de la propriété, dans la jouissance des libertés publiques, dans les droits des citoyens à une égale admission aux emplois. Tout cela est inviolable, même pour l'autorité des trois pouvoirs politiques réunis ; mais hors de là, tout peut être retouché dans la Charte, car les autres articles ne sont que des modes d'exécution de cette Charte, et rien n'empêche de perfectionner les rouages d'une machine délicate et compliquée.

Si au lieu du mot *peuvent*, employé dans l'article qu'on vient de citer, on s'était servi du mot *doivent*, je partagerais l'avis de l'auteur ; mais il ne faut pas se faire d'illusion. Une fois le principe adopté que le Roi et les deux Chambres peuvent tout (1), ces pouvoirs réunis auraient la possibilité, non pas de détruire tout ce qui constitue l'ordre politique dans lequel nous vivons, mais d'y porter de fortes atteintes, suivant les intérêts et les passions du moment. Il est même dans la nature des choses, que cela arrive, à moins que les précautions ne soient assez bien prises pour que les passions ne puissent pas *miner insensiblement* ce que l'on n'oserait pas attaquer de vive force.

---

(1) Delolme, dans son ouvrage sur la constitution d'Angleterre, dit que le pouvoir législatif pourrait renverser la constitution, comme Dieu créa la lumière.

L'auteur place, avec juste raison, le maintien de la religion au nombre des points fondamentaux. Eh bien ! supposez que le pouvoir tombe entre les mains d'un ministère impie et adroit ; supposez-lui toute l'influence que les divers ministères ont eue, et que celui actuel paraît vouloir soigneusement conserver sur les élections. Supposez-lui toute l'influence que la distribution des grâces donne aux ministres sur des députés *accessibles à toutes*. Supposez-lui de plus, l'influence de l'immoralité, presqu'inséparable de l'irreligion, et calculez ce que, dans l'espace de sept années *avec une majorité certaine*, *avec une majorité compacte*, on pourrait, soit directement, soit indirectement faire contre la religion. Supposez le ministère ennemi de la royauté, et calculez, si vous le pouvez, les atteintes que pendant le cours de sept années il aura portées au dogme de la légitimité.

Revenons à la question de savoir si l'on peut, ou si l'on ne doit pas chercher à perfectionner ce qu'il y a de reglémentaire dans la Charte.

La Charte nous a été donnée par la sagesse, par la magnanimité du Roi, par l'effet de son amour pour ses peuples ; tout a été sublime dans la pensée, dans la volonté royale ; mais la coordonnance de la Charte et sa rédaction se ressentent de la précipitation avec laquelle on se crut forcé d'agir, par suite des circonstances dans lesquelles on se trouvait, par l'effet même de l'enthousiasme. Doit-il donc être à jamais impossible d'apporter à la Charte les corrections dont la marche du gouvernement aurait indiqué la nécessité ? Je suis loin de le penser.

Y aurait-il une autre puissance humaine qu'une opinion publique, pour ainsi dire unanime, qui pût opposer un obstacle insurmontable à la volonté qu'auraient les trois pouvoirs d'apporter à notre pacte social telle ou telle modification ? Je ne le pense pas davantage. Je crois, au contraire, et j'ai soutenu cette doctrine en 1791 (1), que la durée d'une constitution est bien plus assurée, si l'on peut légalement y apporter des modifications, que si cela était légalement impossible. Dans le premier cas on peut corriger avec précaution; dans le second cas on renverse avec fureur. Notre révolution en a fourni plusieurs exemples.

La raison et la connaissance du cœur humain sont donc d'accord pour que la question que nous venons d'examiner soit résolue affirmativement. Je suis en cela parfaitement d'accord avec l'auteur de l'écrit que je discute; mais je ne voudrais point que ce fût avec trop de facilité que l'on pût apporter des modifications à la Charte, et je redoute la doctrine des précédens, que l'on pourrait invoquer. La route qui sépare les *améliorations* des *destructions* est rapide. Les passions anti-constitutionnelles pourraient vouloir la descendre, et s'emparer de la place, comme naguères les passions démagogiques s'efforçaient de le tenter. Je trouverais une garantie contre ce double danger, dans la nécessité, pour apporter une modification quelconque à la Charte, qu'elle eût été votée par une majorité des trois cinquièmes dans chacune des Chambres, et que cette majorité fut celle, non-seulement des membres présens à la délibération, mais des ayant-droit de voter. De cette manière on éviterait les manœuvres à l'aide desquelles on éloigne ou l'on avertit les membres des Chambres que l'on croit disposés à s'opposer ou à seconder un projet que l'on veut faire passer.

____

(1) Dans un écrit intitulé : *Sur les Législatures et les Conven-tions nationales.*

Ceux qui parlent Charte et constitution ont-ils bien examiné ce que produit le renouvellement partiel, dans cette constitution même, et les conséquences qu'il entraîne ?

Si vous conservez le renouvellement partiel, il faut ôter à la prérogative royale le droît de dissolution ; car ces deux facultés sont contradictoires. L'esprit du renouvellement partiel est de placer dans la Chambre des députés un principe de dissolution et de rénovation naturelles, sans altérer les dispositions de cette Chambre. Or, comment venez-vous détruire votre ouvrage, en cassant cette Chambre en vertu d'un pouvoir qui n'est plus que la faculté arbitraire de frapper un coup d'État ? N'est-ce pas avoir à la fois les inconvéniens du renouvellement partiel et du renouvellement intégral ?

Autre danger, autre contradiction : le renouvellement partiel fait de la Chambre des députés une espèce de Chambre perpétuelle, comme celle des Pairs. Le pouvoir de dissoudre dans ce système étant sans raison, ne peut être que rarement exercé ; plus on avancera, moins on en fera usage. Il s'établira peu à peu une espèce de prescription, comme le veto royal en Angleterre, et, au bout d'un certain nombre d'années, le trône se trouvera sans force entre deux Chambres souveraines, existantes d'elle-même par l'hérédité naturelle et l'hérédité élective. Le jour où la couronne perdra la puissance de dissoudre, la monarchie se trouvera changée en aristocratie. Vous condamnez donc la prérogative royale à l'absurdité ou à la mort, selon qu'elle exercera ou n'exercera pas, avec le renouvellement partiel, son droit de dissolution.

L'esprit du renouvellement partiel est *en effet* de placer dans la Chambre des députés un principe de dis-

solution et de rénovation naturelles , sans altérer *brus-
quement* la politique de cette Chambre. Ce mode de
renouvellement devait être préféré , lorsqu'après de longs
orages le besoin de conserver et pourtant de corriger
avec sagesse se faisait éminemment sentir. De bons esprits ont pu le croire à jamais préférable en France où
l'on aime tant les innovations , au renouvellement intégral qui pourrait, dans quelques circonstances , amener de terribles catastrophes.

Quant au droit de dissoudre , pierre fondamentale
de l'édifice monarchique, tant que les dispositions de la
Chambre envers la couronne sont marquées au coin de
la loyauté et de la fidélité , l'exercice de ce droit n'est
pas d'une nécessité instantanée. Sans en user fréquem-
ment , les Ministres pourraient le conserver intact, en
rappelant souvent aux Chambres et à la nation qu'il est
inhérent à la couronne , qu'elle peut en user aussi souvent qu'elle jugera cette mesure oportune, même sans
motifs apparens. De cette manière la prérogative royale
se trouverait sauvée de *l'absurdité comme* de la *mort.*

*Ce n'est pas tout : vous vous croyez dans une posi-
tion légale aujourd'hui; vous pensez qu'aucune atteinte n'a été portée à l'article 37 de la Charte, et
vous êtes dans l'erreur. Cet article porte :* Les députés
seront élus pour cinq ans , et de manière que la Chambre
soit renouvelée chaque année par cinquième. *Or, l'ordonnance du 17 novembre 1818 a totalement sacrifié
la première disposition de cet article à la seconde.*

*D'après le texte de cette ordonnance , des députés
élus pour cinq ans , ne siégent qu'un , deux , trois et
quatre ans ; il n'y a qu'une série sur cinq qui puisse
espérer de jouir pleinement du bénéfice de la Charte ,
et pour cela il faut encore que dans le période de cinq
ans la prérogative de l'article 50 ne soit pas exercée.*

Ce mode d'exécution n'est donc pas une modification, une transaction entre des droits, c'est une abolition, une révocation de droits opposés, c'est le droit des quatre cinquièmes des députés de la France qui est entièrement mis en oubli, et on n'a égard qu'aux droits du dernier cinquième.

Je pense, avec l'auteur de l'article, qu'il y a contradiction entre l'article de la Charte, qui stipule le droit de dissoudre et celui qui dit que les députés sont élus pour cinq ans ; mais cette contradiction est purement matérielle : il est clair que les hommes qui ont improvisé la rédaction de la Charte, ont oublié d'ajouter à l'article 37, ces mots ou tous autres rendant les mêmes idées ; A MOINS QUE LE ROI N'AIT USÉ DE SON DROIT DE DISSOUDRE ; DANS CE CAS, TOUS LES DÉPAR-TEMENS PROCÈDENT A DE NOUVELLES ÉLECTIONS, ET A LA FIN DE LA PREMIÈRE SESSION, LE SORT DÉCIDE DE L'ORDRE DANS LEQUEL LES ÉLECTIONS SERONT RENOUVELÉES DANS LES CINQ SÉRIES.

Comment peut-on reconnaître que la Charte a été fort imparfaitement rédigée, reconnaître la nécessité d'y apporter des modifications, et donner pour motif d'élections intégrales et septennales, une rédaction vicieuse, et quelques inconvéniens qu'on ne peut, j'en conviens, faire entièrement disparaître, mais qu'on peut considérablement diminuer.

Voyons maintenant si le renouvellement intégral vaux mieux que le renouvellement partiel.

On sait que les parlemens septennaux furent introduits en Angleterre dans l'année 1716. Les membres des Communes, qui étaient élus pour trois ans, ajoutèrent quatre années à leurs pouvoirs ; et c'est de cette époque que datent la puissance et le repos de la Grande-Bretagne. L'introduction du bill donna lieu à une très-belle discussion parlementaire, dont une partie pourra être reproduite quand la discussion s'ouvrira à la prochaine session. Les Anglais avaient cherché long-temps le juste milieu : aucune loi précise ne régla d'abord la convocation et la durée des parlemens qui siégèrent deux ans, trois ans, cinq ans, dix ans, selon la force ou la faiblesse de la couronne. Après bien des essais et des malheurs, l'expérience apprit aux Anglais qu'il fallait se fixer dans un espace de temps trop long pour produire l'anarchie qu'amène la fréquence des renouvellemens, trop court pour établir le despotisme parlementaire.

Et pourtant les Anglais ne connaissaient que le renouvellement intégral. Qu'auraient-ils dit du renouvellement partiel, de ce système qui porte à la fois l'empreinte du mépris que l'usurpateur avait pour la liberté, et de la timidité avec laquelle on restaura la monarchie légitime ?

Il est devenu de mode, depuis notre révolution, et uivant le système qu'on veut soutenir, de s'appuyer des exemples de l'Angleterre ou de les répudier.

Mais, parce que ce royaume aurait prospéré depuis l'année 1716, devrait-on en conclure que cette prospérité est due la mesure qui fut prise alors (1) ? Prenez garde de me répondre trop affirmativement, car je vous dirais que la prospérité apparente de la France s'est fort augmentée depuis la révolution.

Mais pour copier servilement les institutions existan-

---

(1) Il n'est pas rare qu'un malade guérisse, non par l'effet des remèdes qui lui ont été administrés, mais malgré ces remèdes. Plus d'une nation a prospéré, non par l'effet des mesures prises par ceux qui les gouvernent, mais malgré leurs erreurs et leurs fautes.

(22)

tes chez un peuple , il faut d'abord savoir si l'on a véritablement fait pour le peuple ce qui devait lui procurer une plus grande masse de bonheur, et en supposant l'affirmative bien démontrée , il faut savoir si la nation chez laquelle vous voudriez importer des institutions d'une nation voisine, est dans une situation semblable (1). Or, vous n'avez ni cet esprit public, base du caractère anglais , ni cette forte aristocratie qui, d'une part, soutient le trône , mais qui de l'autre , maintient les ministres dans les bornes de leurs devoirs , ni une liberté de la presse aussi entière qu'en Angleterre. De plus , le minimum de la fortune des députés anglais est triple de la fortune apparente (2) , nécessaire pour arriver en France à la députation. Enfin , les députés anglais ne peuvent point comme ici accepter toutes les places dont les ministres disposent au nom de la Couronne.

Le renouvellement partiel n'a point été imaginé par l'usurpateur , mais par les hommes qui , prévoyant les dangers que devaient courir les libertés publiques sous le gouvernement d'un tel chef , cherchèrent un moyen de prévenir autant qu'il était en leur pouvoir , le despotisme qui devait être la suite des circonstances dans lesquelles la France se trouvait.

On nous assure que le renouvellement partiel a sauvé la France , que le renouvellement intégral se-

---

(1) Montesquieu a dit que quand bien même les lois d'un peuple seraient parfaites pour lui, il regarderait comme très-douteux qu'elles pussent convenir à un autre.

(2) Je dis apparente, puisqu'il suffit de payer mille francs d'impositions, et que la loi ne s'est point inquiétée de savoir si la fortune que cette imposition indique est non grevée d'hypothèques ; aussi combien de Députés arrivent ici avec des dents d'une longueur............ On sait à quoi s'en tenir dans maints départemens.

rait du plus grand danger si des troubles venaient à éclater; c'est-à-dire qu'il faut conserver une loi qui avait été faite pour les temps d'esclavage et de maladie; qu'il faut traiter la France, libre et robuste, comme on la traitait lorsqu'elle était enchaînée et affaiblie; qu'il faut nous résoudre à n'être que des faiseurs de budgets, à ne jamais compléter nos lois, faute d'un instrument pour bâtir l'édifice; qu'il faut garder le renouvellement annuel parce que des évènemens imprévus peuvent arriver; qu'il faut vivre comme si nous allions toujours mourir, conserver une loi créée, non pour l'ordre ordinaire de la société, mais pour l'ordre extraordinaire; pour l'exception, non pour la règle. Eh! ne vaut-il pas mieux nous constituer pour l'état naturel de la vie sociale, puisque nous avons repris nos forces, laissant nos neveux aviser dans cent ans à ce qu'ils auront à faire, s'il plaît à la Providence de les affliger?

Oui, sans doute, le renouvellement partiel a sauvé la France; sans ce mode d'élection, à quoi eussent servi les belles pages du Conservateur? Mais bien que la distance soit immense entre la situation dans laquelle la France était alors et celle où nous nous trouvons aujourd'hui, ce n'est pas créer des monstres pour les combattre que de craindre que long-temps avant un siècle, sous peu d'années peut-être, des hommes faibles, inhabiles ou mal intentionés, soient appelés au ministère, et qu'ils ramènent des dangers analogues à ceux dont nous venons de sortir.

Ces ministres, comme d'autres, sauraient dissoudre la chambre et manœuvrer de manière à obtenir une majorité à leur dévotion. Que de maux alors une période de sept années, sans élections nouvelles, ne ramènerait-elle pas sur notre malheureuse patrie!

Après avoir victorieusement combattu quelques raisons véritablement très-faibles, mises en avant par les antagonistes des élections intégrales , l'auteur de l'écrit ajoute :

Au reste , les Anglais ont raisonné tout autrement que nous, car ils établirent la septennalité précisément pour se mettre à l'abri dans un temps de trouble, après l'expédition du Prétendant en 1715.

Qu'est-ce que ceci prouve , sinon que les Ministres anglais firent alors ce que les Ministres français veulent faire aujourd'hui, profiter d'une circonstance qui leur parut favorable pour consolider , je ne dis pas l'autorité royale , mais la puissance ministérielle.

Les avantages de la septennalité sont incontestables. Toutes nos institutions gagneront à cette modification de la Charte. La Chambre des députés sera moins turbulente et plus forte ; les discours y seront à la fois moins passionnés et moins timides : les hommes opposés au ministère ne se croiront plus obligés d'exagérer pour augmenter leur influence à l'élection annuelle ; les hommes attachés au pouvoir diront la vérité avec hardiesse , n'ayant plus à craindre les chances d'une réélection ; ce ne seront plus les journaux qui échaufferont l'esprit de la Chambre populaire, mais la Chambre qui tempérera l'esprit des journaux.

La Chambre des pairs , de son côté , se fortifiera de l'appui d'une assemblée d'une nature plus homogène à la sienne , de même que la Chambre des communes en Angleterre s'unit par ses élémens à la Chambre haute. La permanence et la fixité du corps politique serviront de régulateurs à l'esprit national : chez un peuple essentiellement mobile , les lois doivent tendre au repos ; la dignité de la religion , la majesté du trône et la gravité des tribunaux faisaient autrefois le contrepoids de nos mœurs.

Avec beaucoup d'esprit et une manière d'écrire aussi brillante que facile, il est aisé de séduire les lecteurs superficiels, le paragraphe ci-contre me paraît parfaitement propre à atteindre ce but; il semble nous promettre le retour de l'âge d'or.

Je pense, au reste, avec l'auteur de l'écrit que je réfute, que, chez un peuple essentiellement mobile, les lois doivent tendre au repos; mais il ne faut pas qu'aux bienfaits du repos on sacrifie ceux d'une véritable et sage liberté. Il faut savoir concilier l'un et l'autre, cela est possible; c'est à choisir les moyens d'obtenir ce résultat, que doit consister l'habileté des ministres : c'est ainsi qu'ils acquerront le surnom de grands (1).

Quant à l'administration, rien ne lui est plus favorable que le renouvellement intégral. Y a-t-il même quelque moyen de gouverner raisonnablement avec ces élections interminables, avec cette révolution annuelle, avec cette fièvre qui vous reprend aussitôt qu'elle vous quitte ? Les travaux d'une session à peine finis, il faut songer à préparer l'autre. On passe incessamment de la tribune aux collèges électoraux, et des collèges électoraux à la tribune; incessamment on forme des listes; incessamment on y inscrit, on y efface ceux qui ont perdu ou recouvré le droit d'élire

---

(1) La France éprouve le besoin de grands Ministres, et quelles que soient les louanges que des coteries auront pu prodiguer à tels ou tels qui auront occupé ce poste élevé, la postérité ne confirmera ce titre qu'en faveur de ceux qui auront de plus en plus resserré les liens du peuple et de la royauté, qui auront augmenté le bonheur des Français, et mis les Ministres à venir dans l'heureuse et indispensable nécessité de placer la fidélité à nos droits, à nos institutions, à notre liberté, sur la ligne parallèle de la fidélité à la dynastie légitime, et du soin de conserver religieusement tous les droits de la couronne.

ou d'être élu. Cette espèce de conseil de révision fait passer devant lui un cinquième des propriétaires de la France, mettant à nu les familles, examinant les difformités des fortunes. En même temps les autorités sont placées et déplacées, et cela est juste; car, si l'Opposition met tout en mouvement pour obtenir des suffrages, le gouvernement doit tout faire pour les lui ravir. Delà des changemens sans fin, des inquiétudes sans cesse renaissantes pour les fonctionnaires publics: nul n'est sûr de son avenir. Il est vrai de dire qu'avec l'élection partielle il n'y a qu'une seule chose et qu'une seule affaire en France : les élections. Cela est-il tolérable?

Nous sommes enfin arrivés à ce qu'on peut dire de plus fort en faveur du renouvellement intégral et septennal; mais on peut y répondre, et d'abord , est-ce sans prendre des soins et des soins journaliers que l'on peut gouverner ? *Les travaux d'une session à peine finis , il faut , dites-vous , songer à préparer l'autre ;* mais il le faudra toujours , à moins que de conséquence en conséquence , de modifications en modifications de la Charte , on ne nous conduise des sessions annuelles aux sessions périodiques , septennales peut-être. Jusque-là , il faudra bien aussitôt une session finie , préparer les projets de lois , au moins la loi des finances pour la session suivante. Mais parlons franchement, les mots *préparer* , ne sont pas pris ici dans leur véritable sens. Ils veulent dire *préparer les élections* , non pas seulement d'une manière large , d'une manière légale , mais d'une manière minutieuse et souvent fort illégale ; ce qui prend beaucoup de temps. En effet, combien de lettres, combien de causeries avant de se déterminer à faire élire M. tel par ce collège et M. tel par celui-là ? d'écarter tel concurrent qui pourrait balancer le candidat ministériel ; d'intimer aux fonctionnaires publics, et même à tous les électeurs royalistes, *l'ordre* de nommer *librement* celui qu'on leur désigne, sous peine pour les uns de perdre leurs places, pour les autres de voir arriver à la députation quelqu'un de l'opinion opposée. Ce ne sont point les Ministres actuels qui ont imaginé ce *beau* système (si fortement et si plaisamment attaqué par le Conservateur) ; ils en ont hérité de leurs prédécesseurs, qui avaient eux-mêmes pris la succession des soi-disant patriotes (1) du commencement de la révolution. J'espérais que le Ministère actuel n'avait pris à cet égard la succession que sous bénéfice d'inventaire, et que n'ayant plus à craindre que les libéraux se rendissent maîtres des élections, il abandonnerait un mode d'opérer aussi contraire à la dignité de sa position qu'à la liberté publique. Je ne vois pas qu'il se dispose à prendre d'autres moyens d'obtenir constamment des députés dévoués à la monarchie légitime. Cependant avec quelques modifications aux lois sur les élections, et quelques autres mesures de gouvernement ou d'administration, on éviterait les inconvéniens que nous venons de signaler.

Mais à propos d'inconvéniens, n'est-ce donc rien, *chez un peuple essentiellement mobile,* que de l'agiter dans tous ses élémens à des époques déterminées ; d'avertir par avance et les factieux de l'intérieur et

---

(1) Dès l'époque des élections qui eurent lieu pour la nomination des Députés à l'assemblée dite Législative, les hommes qui se disaient patriotes par excellence, imaginèrent d'éluder les dispositions prises par la loi pour favoriser la liberté des élections, en s'arrangeant pour voter en masse sur les mêmes individus.

l'étranger lui-même, qu'une époque favorable aux troubles va se présenter. On s'accoutume à ce qui arrive tous les ans ; que le Ministère prenne quelques bonnes mesures ; que lui-même n'agite pas les esprits, et des élections partielles ne feront pas plus d'effet sur nous que les coups de vent de l'équinoxe, tandis qu'une élection totale épouvante comme un tremblement de terre.

Reste une pensée secrète que nous allons tirer du fond des cœurs ; car, ce qu'il y a de mieux à faire, c'est de parler net.

Nous n'aimons pas, dit on, le Ministère, et nous ne voulons pas passer avec lui un bail de sept ans.

Je ne suis pas de ceux qui n'aiment point le Ministère ; je l'ai appelé de mes vœux ; je désire qu'il reste pendant longues années au timon des affaires, et néanmoins je suis, autant qu'il est possible, l'antagoniste de la mesure qu'il doit proposer.

Le renouvellement septennal ne décide pas la durée d'un ministère, surtout avec une majorité française ; les ministres qui feraient des fautes perdraient la majorité avec le renouvellement intégral tout aussi bien qu'avec le renouvellement partiel. L'Angleterre nous offre, sur ce point, des exemples..................
..
..
..

La mesure projetée n'a d'inconvéniens que pour les ministres actuels. Il faut reconnaître qu'il y a quelque courage à eux à s'exposer à des élections générales lorsqu'ils pourraient, par l'élection partielle, conserver une majorité acquise.

En France, le renouvellement septennal déciderait

beaucoup plus qu'en Angleterre la durée des ministères ;
j'en ai indiqué ci-dessus les raisons. Je suis loin de
penser que la mesure proposée n'ait d'inconvéniens
que pour les ministres actuels. On a dû voir que j'en
trouve beaucoup d'autres, et cependant les convenances
ne m'ont pas permis de tout dire : d'ailleurs, les
ministres ont appris à rester en place, quoiqu'on re-
jette quelques-unes de leurs propositions, témoin le
ministère de 1815 ; celui de 1820, je crois, qui pro-
posa, relativement à l'organisation départementale et
communale, une loi qui mourut dans les bureaux de
la Chambre ; le ministère actuel qui a vu mourir de
même le projet de dotation de la Chambre des pairs.
Le rejet de la proposition que nous combattons ne me
paraît donc point devoir amener la chûte du ministère,
à moins qu'il n'en prît de l'humeur et ne déterminât
lui-même sa retraite. Quel que soit l'événement, on
pourra plutôt qualifier d'imprudente que de coura-
geuse, la détermination qui l'a porté à risquer une
majorité acquise.

Depuis l'écrit que nous venons de combattre, il en
a paru un autre fort bien fait, dans le sens des Ministres, intitulé : Observations sur le renouvellement
intégral et la septennalité, par l'auteur de l'ouvrage intitulé : De la Constitution d'Angleterre.

On y lit, page 9 : *La loi du renouvellement par sé-*
ries est une des plus fortes preuves de l'imperfection
des théories politiques, même les plus spécieuses en
apparence. L'idée en a été conçue, il y a trente ou
quarante ans, par des philosophes spéculatifs qui
croyaient y avoir trouvé le meilleur remède aux dé-
fauts inhérens plus ou moins à tout corps législatif
renouvelé périodiquement. Un système qui présentait

une régularité géométrique , ne pouvait manquer de séduire les politiques mathématiciens de la révolution.

L'auteur commence par suivre l'usage établi par ceux qui l'ont précédé , de poser en principe que le renouvellement partiel est vicieux. Puis il reproche aux auteurs de ce système d'avoir été séduits par l'amour de la régularité géométrique , sans s'apercevoir que le principal argument *mis en avant* par les ministériels , se trouve précisément fondé sur le désir de faire agir avec une régularité géométrique le droit de dissolution. Dans le système de l'élection intégrale , il porte également ment sur tous les députés , sur tous les électeurs ; avec le renouvellement partiel , il pèse inégalement sur les différentes séries.

. Il observe ensuite , avec raison , qu'en partageant en cinq séries le nombre total des élections , on ne diminue point dans la même proportion l'agitation et les intrigues. Mais il se livre à l'exagération , en disant qu'elles ne sont guères moindres dans les départemens où l'on n'élit pas , que dans ceux où les collèges électoraux sont rassemblés.

Il est d'ailleurs dans la nature des choses que cet inconvénient diminue de plus en plus , et l'on pourrait le métamorphoser en avantage , au moyen d'une disposition de la loi des élections , qui établirait *que nul ne ne pourrait être élu Député dans un autre département que celui de son domicile politique, à moins qu'il n'y eût obtenu les deux tiers des voix des électeurs , non seulement présens au collège, mais ayant droit d'en faire partie.*

Après avoir parlé des diatribes que les Journaux libéraux font entendre chaque année dans le système des élections partielles , tout comme si l'élection était générale (1) , l'auteur continue ainsi page 15 :

Le ministère de son côté ne restera pas spectateur tranquille ; en dépit des théoristes , il sait qu'il est de la dernière importance de s'assurer de la majorité du nouveau cinquième. Il faut qu'il déjoue les intrigues qui s'ourdissent partout contre lui, et il sera tout aussi occupé de ce soin que si l'élection était générale.

En apportant quelques modifications à la loi des élections , notamment celle que nous avons indiquée à la page précédente , le Ministère pourrait abandonner le système de *contre-intrigue* qu'il se croit obligé d'employer dans l'état actuel des choses , soit dans l'intérêt de la monarchie , soit dans le sien propre (2) , pour s'en tenir à l'influence qu'il doit légalement exercer par la nomination des présidens, par les circulaires publiques , et par sa surveillance relative à la stricte observation des lois et des réglemens.

De cette manière, les ministres gagneraient en moyens de considération et d'estime , plus qu'ils ne perdraient en moyens occultes.

Il en serait de même à l'égard des magistrats des départemens , lorsqu'on ne se croirait plus obligé de convertir en foyers d'intrigues (3) les préfectures , les sous-préfectures , et jusqu'aux mairies.

Plus loin , page 17 , on lit:

---

(1) Cette considération est une des plus fortes que l'on puisse alléguer en faveur du renouvellement intégral.

(2) On sait bien que je ne parle pas ici du Ministère actuel , mais d'un Ministère quelconque.

(3) On vous dit naïvement dans les Ministères , que les Préfets sont *responsables* des élections.

Cependant l'influence du ministère dans les élections a de justes bornes ; il ne pourrait appuyer des candidats sans considération, qu'en s'exposant à perdre la sienne et à manquer son but. D'ailleurs, des députés, dont la loi exige une fortune indépendante, bien que le ministère ait pu leur procurer quelques voix de plus qu'il n'en auraient eu sans lui, ne lui seront jamais dévoués d'une manière servile. Ils n'approuveront jamais des mesures évidemment contraires au bonheur public.

Nous renvoyons au Conservateur et à la mémoire de ceux qui suivaient les affaires il y a quelques années, pour répondre à cet article. Encore une citation prise dans les pag. 23 et 24, ou plutôt deux citations réunies ; ce seront les dernières de l'ouvrage en question. Après avoir fait ressortir l'avantage pour le ministère, de n'avoir pas à s'occuper d'élections pendant six années, et d'être *moralement* sûr de conserver sa majorité pendant tout ce temps, l'auteur continue ainsi :

Mais, dira-t-on, vous voulez donc que le ministère reste toujours en place ? Non, mais je ne veux pas qu'il soit tous les jours à trembler pour son existence. Il en est de la mort politique d'un ministre comme de la mort naturelle d'un individu. Une crainte salutaire de la mort naturelle ne fait que du bien ; elle est un puissant motif pour nous faire remplir tous nos devoirs ; mais si on craignait réellement de mourir chaque jour, on ne serait capable de rien. La septennalité n'ôte pas au ministère la crainte salutaire de la mort, mais il n'en éprouve pas les angoisses journalières comme avec le renouvellement partiel.

Le caractère changeant de tous les hommes, et surtout des Français, oppose aussi un obstacle perma-

nent à un long règne ministériel. Il faut de plus compter sur l'inconstance de la fortune qui renverse les projets les mieux concertés ; et un ministère est jugé non sur ses intentions , mais sur ses succès. Ajoutez à cela les caprices des Cours ; et quoique ces dangers soient moins forts pour un ministère dans un gouvernement représentatif que dans une monarchie absolue , ils ne laissent pas d'être considérables.

Je pense, avec l'auteur, qu'une crainte salutaire de la mort politique est utile aux ministres; mais je ne vois pas que le renouvellement partiel leur en fasse éprouver les angoisses *journalières*, ce serait tout au plus des angoisses *annuelles,* si l'on ne dénaturait pas les institutions sous lesquelles nous avons l'air d'exister. Or, serait-il bien fâcheux que, chaque année, à l'approche de la session , les ministres fussent obligés de rentrer quelques instants en eux-mêmes, à l'effet de faire l'examen des péchés et des peccadilles ministérielles , non pour les confesser aux Chambres, on n'en trouvera guères qui aient assez de sincérité pour cela (1) , mais afin d'éviter les rechûtes.

L'auteur, en employant l'expression de caprices des Cours, dont, suivant lui, les dangers sont moins forts

---

(1) La manière dont en France on dénature le gouvernement représentatif, tend à nous faire perdre ce qui nous reste encore de notre antique loyauté. Un Ministre, M. de Vaublanc, ayant en 1815 manifesté une opinion qui n'était pas celle de ses collègues, ou du moins celle à laquelle ils s'étaient réunis, ceux-ci aimèrent mieux sacrifier un royaliste dévoué, un Ministre infatigable, et qui avait fait beaucoup de bien en peu de temps, que de laisser impuni un exemple de franchise.

Bientôt pour définir notre liberté française, on dira qu'elle est l'art de diriger la conduite de chacun en sens contraire de sa conscience et de sa volonté.

dans un gouvernement représentatif que dans une monarchie absolue, me fournit l'occasion d'examiner quel effet pourrait produire en France le caprice de la Cour, ou, en d'autres termes, l'influence des favoris, dans le cas où les Chambres, venant à s'endormir sur leurs droits et sur l'étendue de leurs devoirs, se réduiraient à n'être plus que les organes des volontés ministérielles.

Bientôt les favoris exerceraient un empire absolu sur les ministres, ils leurs dicteraient des lois, ils renverseraient ceux qui voudraient leur résister, ou qui même ne gouverneraient ou n'administreraient pas au gré de leurs passions; les ministres alors n'ayant plus à leur opposer la censure, l'investigation des Chambres, seraient dans la dépendance la plus entière; et la nation, malgré son gouvernement constitutionnel, se trouverait dans une situation pire que sous une monarchie absolue, où du moins, lorsqu'on est malheureux, on ne le sent pas autant.

Au reste la monarchie réunit tant d'avantages, que lorsqu'on a le bonheur de vivre sous cette forme de gouvernement, il faut bien se résigner à ressentir quelquefois des effets fâcheux *des caprices des Cours*; mais si les institutions d'une monarchie mixte sont bien organisées, elles tendront à circonscrire le cercle dans lequel les favoris pourraient s'agiter. Ils auront presque toujours assez d'influence pour faire renvoyer les ministres; mais si les choses sont arrangées de manière qu'ils dussent trouver, dans ceux qui les remplaceraient, des obstacles également insurmontables à l'exécution des desseins contraires au bonheur public, les effets fâcheux des caprices des Cours se trouveront infiniment restreints.

Je m'étais proposé de faire entrer dans cette discussion diverses citations de l'Étoile , journal dans lequel la question du renouvellement intégral et septennal a été habilement traitée dans le sens ministériel ; mais cela rendrait cet écrit trop volumineux , je me contenterai de parler du n.º du   qui rapporte un discours prononcé par M. de la Bourdonnaye à la Chambre de 18·5 , en faveur du renouvellement intégral.

En remettant cette opinion sous les yeux du public , on a cru lier à la cause ministérielle du moment , cet honorable ancien député qui sera sans doute réélu.

J'observerai , dans l'intérêt de cette discussion et sans mission de M. de la Bourdonnaye , dont je ne crois pas avoir l'honneur d'être connu , et dont j'ignore l'opinion relativement à l'affaire présente , qu'il ne me paraît nullement lié par le discours dont je viens de parler. D'abord , parce qu'avec le renouvellement intégral , il n'était alors question que de la quinquennalité ; ensuite , parce que l'on désirait des élections libres , une Chambre indépendante (1) ; enfin , parce que le cours de politique pratique , fait sous nos yeux par les divers ministères , depuis 1815 , jusqu'à la fin de 1821, a pu apporter des modifications aux opinions que l'on professait à la première de ces époques.

Lorsque l'on connut l'intention du ministère de dissoudre la Chambre et de proposer à celle de 1824 le projet de loi relatif aux élections intégrales et septennales , plusieurs journaux royalistes improuvèrent l'une et l'autre mesures ; depuis ils ont changé de langage. On assure que voici à quoi sont dues ces conversions , auxquels maints lecteurs auront tellement été pris , qu'ils auront cru devoir se convertir aussi comme le journal

---

(1) *Voyez* le résumé de la discussion du rapporteur de la Commission , M. de Villèle.

directeur de leur opinion ; les personnes qui aident offi-
cieusement le ministère à gouverner (1), auraient ache-
té les actions ou la plus grande partie des actions de
ces journaux dont ils auraient changé les rédacteurs,
ou obligé les anciens à soutenir une nouvelle doctrine.
Nous ne garantissons pas ce fait, mais il serait véritablement curieux et utile de le vérifier.

CONCLUSION.

Nous avons cherché à mettre, ainsi que nous l'avions
annoncé, la plus grande impartialité dans la discussion
à laquelle nous nous sommes livrés ; nous avons laissé
parler eux-mêmes les principaux défenseurs de la mesure que le ministère veut faire adopter, et néanmoins
nous en avons dit assez pour démontrer, ce nous semble,
qu'en considérant la question d'une manière abstraite
et théorique, si le renouvellement intégral a quelques
avantages sur le renouvellement partiel, celui-ci est
préférable sous d'autres rapports.

Mais, si l'on sort des abstractions pour envisager l'é-
tat actuel des esprits et des choses, si l'on jette les
yeux sur notre avenir, et que l'on considère les chances dont il est entouré, on pensera sans doute que la
France ne pourrait résister à quelques-unes d'entr'elles
qu'à l'aide d'institutions fortes et nécessairement di-
rigées d'une manière loyale, or, comme la mesure que
les ministres doivent proposer ne trouvera point la
France enrichie de ces institutions et que la direction

---

(1) Nous savons tout ce qu'il y a de louable dans leurs inten—
tions, mais nous savons aussi que les moyens qu'ils prennent
sont de nature à produire des effets absolument contraires à
ceux qu'ils en espèrent.

des affaires ne tend malheureusement pas à nous donner des garanties de la marche loyale qui nous est si nécessaire, il est essentiel que cette mesure soit rejetée, *au moins comme intempestive,* dans le cas où elle serait présentée sans modifications et de manière à décider de notre avenir.

En effet, malgré l'assertion contenue dans l'Étoile, du 10 décembre, *que le renouvellement partiel est la Charte interprétée dans le sens démocratique et le renouvellement intégral, la Charte développée dans le sens monarchique,* tout lecteur non prévenu verra que si le renouvellement intégral et septennal était adopté à la prochaine session, ce serait le triomphe du despotisme ministériel élevé sur les débris des droits du trône, comme sur les libertés publiques.

On dira peut-être qu'avec le ministère actuel ces craintes ne seraient point fondées : je crois que les ministres n'abuseraient point, ou n'abuseraient que modérément de la situation dans laquelle ils se trouveraient, mais les hommes passent et les institutions restent. Or, l'institution que nous combattons, loin de tendre à faire désormais arriver de bons ministres à la tête des affaires, en amènerait le plus souvent de peu zélés pour les vrais intérêts du trône et les vrais intérêts de la nation.

On ne saurait trop répéter que lorsqu'en 1815, M. de Villèle demandait au nom de la commission dont il était le rapporteur, que les élections fussent intégrales et quinquennales, il demandait aussi que les élections fussent libres, la Chambre des députés indépendante.

Que ces deux points soient préalablement accordés à la France, qu'au lieu de tout coordonner pour ne trouver dans la majorité des députés que des organes du ministère, on nous donne des institutions de nature à leur laisser cette indépendance sans laquelle le gouvernement représentatif n'est qu'une pompeuse illusion, et qu'ensuite on propose de nouveau le renouvellement *intégral*, mais *quinquennal* seulement, et peut-être nous rallierons-nous aux partisans de cette mesure; mais jusqu'à ce que ces préalables soient remplis, les amis du Roi, les hommes dévoués à la légitimité, les hommes qui désirent sincèrement le bonheur public doivent repousser cette proposition.

Les défenseurs de la mesure en question donnent aux royalistes, pour l'un des motifs du vote affirmatif qu'ils leur demandent, l'éloignement des libéraux par cette mesure : *vos ennemis, disent-ils, voteront contre nous, vous devez donc voter pour.* Indiquer aux royalistes leurs devoirs politiques par ce seul trait, est une manière souvent assez sûre, j'en conviens, mais quelquefois l'argument est spécieux, et c'est ici le cas.

En effet, les libéraux, qui seraient fort despotes s'ils étaient les maîtres, désirent, ne l'étant pas, vivre sous un gouvernement qui, en assurant la liberté publique, assure la leur. Les royalistes, à quelques exceptions près, pensent de même à cet égard, donc ceux de la Chambre prochaine ne devront se faire aucun scrupule pour cette fois, et sans tirer à conséquence pour l'avenir, de voter avec les libéraux.

Sans doute les ministres, accablés, comme ils le sont, de tant de soins divers, n'auront pas considéré la question sous tous ses points de vue. Sans doute qu'en réfléchissant de nouveau sur l'étendue du mal qu'ils feraient à la France, ils en frémiront, et saisiront, pendant qu'il en est temps encore, les moyens de concilier les grands, les perpétuels intérêts de la Couronne et ceux des peuples, avec la nécessité de méditer un peu tranquillement sur les lois dont l'abrogation est désirable, celles dont il faudrait modifier les dispositions , les lacunes à remplir dans la législation. Nous leur soumettrons bientôt le plan conciliateur qui nous paraît désirable de leur voir adopter.

En attendant, qu'ils ne perdent pas de vue que les ministres de l'ancien régime ont perdu la monarchie, que les ministres qui se sont succédés depuis la restauration l'ont conduite sur le bord de l'abîme , et que si la mesure que nous venons de combattre était adoptée par les Chambres , le ministère actuel laisserait à ses successeurs toute facilité pour suivre une aussi funeste direction.

Plan de conduite proposé aux Electeurs de 1824.

C'est à la loyauté, à l'honneur des électeurs, qu'est confiée la défense des ouvrages avancés des libertés publiques ; c'est à la loyauté, à l'honneur des députés qu'est confiée la défense du corps de la place.

Le premier devoir des électeurs royalistes , c'est de se rendre aux élections ; ils trouveront dans tous les colléges des candidats indiqués par le ministère. Toutes les fois que ces candidats leur inspireront la confiance que leurs devoirs de bons , fidèles et loyaux députés l'emporteront sur toutes les considérations d'intérêt particulier , sur toutes les séductions , sur la reconnaissance même , pour tel ou tel service (1) , ils feront bien de voter pour ces candidats.

Toutes les fois que le caractère , la moralité , la place

---

(1) Quelqu'estimable que soit le sentiment de la reconnaissance , il cesserait de l'être, il deviendrait même très-blamâble s'il portait un député à voter dans une question importante d'une manière contraire à sa conviction.

ou la position sociale du candidat ministériel , donneront des craintes sur la conduite qu'il tiendrait dans la prochaine Chambre , les électeurs royalistes feront bien de se tenir dans la plus grande réserve envers les fonctionnaires publics , et de porter leurs regards sur des hommes capables de voter par conviction et non par intérêt ou par complaisance.

La conduite des électeurs doit être différente , suivant les époques , les phases de l'élection. Au premier tour de scrutin il n'y a nullement d'inconvénient à ce qu'ils portent un autre candidat que celui désigné par le Gouvernement. On leur dira , que s'ils se divisent , les libéraux feront l'élection : cette allégation est le plus souvent un épouvantail.

De deux choses l'une , ou les libéraux sont en majorité dans le collége ; dans ce cas , quelque chose que fassent les royalistes , l'élection sera libérale ; ou les libéraux n'y seront qu'en minorité , et alors comme il faut avoir obtenu la majorité au premier tour de scrutin pour être député , les libéraux ne pourront être maîtres de l'élection , quand bien même les voix des royalistes se seraient divisés entre plusieurs candidats. Ainsi , au premier scrutin , les électeurs royalistes ne doivent point hésiter à repousser le candidat ministériel , s'il ne leur convient pas.

Ce sera ensuite aux électeurs royalistes non ministériels à juger s'ils devront se réunir aux électeurs ministériels , ou s'ils pourront amener ceux-ci à voter avec eux , ou s'ils seront assez forts pour faire l'élection indépendamment des ministériels.

La composition de chaque collége , la proportion dans laquelle les partis s'y trouvent , le plus ou moins de zèle des électeurs , sont autant de données qu'il faudra consulter. La première chose est de ne point laisser les libéraux maîtres de l'élection ; la seconde d'élire, si possible, des royalistes non ministériels.

Mais, dira-t-on, si l'on adopte ce plan, les opérations des colléges seront moins promptement terminées. Cela est vrai. Mais lorsque les ministres compromettent les destinées de la patrie, il faut que chacun, dans les limites de ses droits, ou plutôt de ses devoirs, leur oppose une résistance ferme et calme, la seule capable d'éloigner le danger.

Dans l'ordre de choses sous lequel nous vivons, les électeurs n'ont point d'instructions légales à donner à leurs députés, mais chacun peut leur dire : tenez-vous en garde contre les séductions, les suggestions, l'entraînement ; examinez avec maturité, dans toute la sincérité de votre ame, la question qui vous sera soumise, et votez selon votre conscience.

Plan de conduite proposé aux futurs Députés.

Nous n'avons qu'un mot à ajouter à ce qui termine le plan de conduite proposé aux électeurs ; nous nous contenterons d'émettre le vœu que les députés s'attachent dès leur arrivée dans la capitale, à déterminer les ministres à ne point faire aux Chambres la proposition absolue du renouvellement intégral et septennal. Dans le cas où cette proposition serait faite, à tâcher qu'elle meure dans la discussion préparatoire qui aura lieu dans les bureaux. S'ils n'y parvenaient pas, ils devraient apporter le plus grand soin au choix du commissaire que leur bureau élira pour faire partie de la commission centrale.

Si le projet de loi survit à la discussion dans les bureaux et dans la commission centrale, les députés voudront, sans doute, faire déterminer par la Chambre un délai suffisant pour que l'on puisse préparer avec maturité la discussion qui aura lieu devant elle.

Les orateurs qui se seront inscrits pour parler contre le projet de loi , feront bien de se concerter autant que possible pour attaquer la proposition par des moyens péremptoires (1), évitant les exagérations , les déclamations , les moyens faibles , les considérations peu importantes. Avec tout cela on gâte sa cause , et l'on donne l'avantage à des antagonistes très-adroits , toujours prêts à profiter de la moindre faute.

----

(1) Je crois devoir consigner ici un fait à l'appui de ce que je viens d'écrire. Lorsque M. le baron Louis présenta son rapport sur la situation des finances et le projet du budget à la chambre de 1815 , tous les Députés furent contre les conditions du remboursement de la dette arriérée , qui faisaient partie du projet de loi ; il n'y avait qu'une voix dans tous les bureaux pour faire apporter des modifications aux dispositions proposées à cet égard. Le Ministre , qui ne voulait entendre à aucune , commença par laisser jeter le premier feu aux Députés , puis il les attaqua individuellement dans des conférences particulières. Je fus du nombre de ceux qu'il voulut convaincre ; il n'y parvint pas. Je ne parvins pas davantage à lui faire écouter mes objections. Je lui dis, en le quittant , que puisqu'il en était ainsi , ce serait de la tribune que je les ferais connaître à la Chambre et à lui.

Le 29 août, mon tour de parler étant arrivé , je proposai de diviser le projet de loi , ce qui eut renversé le plan du Ministère ; d'autres orateurs l'attaquèrent par divers motifs , dans le nombre desquels on en présenta d'une médiocre importance ; quelques attaquans furent en contradiction entr'eux. Le Ministre répondit victorieusement aux objections faibles, fit ressortir les contradictions qui se trouvaient dans diverses attaques, garda le silence sur ce qui lui avait été objecté de fort, et sur ma proposition de diviser la loi. Il me fut impossible d'obtenir la parole pour lui répondre ; il l'emporta. Je pense encore, et je crois que les Ministres actuels pensent comme moi , que ce fut un malheur.

Enfin , les députés royalistes qui voudraient faire rejeter le projet de loi , ne doivent point se laisser effrayer par l'allégation qu'ils voteront dans cette affaire avec les libéraux.

Plan de conduite proposé au Ministère.

Deux idées accessoires accompagnent la plupart des écrits ou des articles de journaux par lesquels les ministériels défendent la mesure qui doit être proposée aux Chambres.

L'une , c'est que le ministère , en annonçant long-emps à l'avance ses intentions , en nous disant *tout rondement* ce qu'il comptait faire , a mis dans sa conduite *une grande loyauté.* L'autre , c'est que les ministres courent seuls des risques , celui de leur existence ministérielle , en l'exposant aux doubles batteries de l'opposition royaliste et de l'opposition libérale.

Examinons ces deux assertions.

Est-ce bien de la loyauté ; ou ce qu'on ne serait pas fâché de nous faire prendre pour telle , que ce soin d'annoncer d'avance ses intentions , cet air de jouer cartes sur table ? N'a-t-on pas plutôt craint que si la proposition arrêtée dans le Conseil arrivait à l'improviste aux Chambres , elle y occasionnât un étonnement qui compromettrait le succès de la mesure ?

D'ailleurs il fallait bien motiver la dissolution de la Chambre,

D'un autre côté , en prévenant à l'avance ces Français si légers et si souvent gouvernés avec légèreté , on a espéré user avant le combat définitif les forces des athlètes des oppositions.

Ainsi l'on nous a avertis long-temps à l'avance , parce qu'on ne pouvait pas faire autrement , qu'on ne pouvait pas préparer ses batteries dans le silence, et qu'on a considéré l'annonce des projets arrêtés comme un grand moyen de succès. Il me semble que le mot de *loyauté* n'est pas précisément celui que l'on doit employer pour rendre l'idée de ce qui a été fait. Appellera-t-on aussi de la *loyauté* ce soin de faire élire de nouveaux députés à l'effet de leur soumettre une question qu'ils auront intérêt de décider, conformément à ce que veut le ministère ?

Quant à la crainte de perdre leurs places, les ministres connaissent assez le gouvernement représentatif pour sentir qu'ils les ont aventurées. Nous allons leur soumettre les moyens d'assurer leur existence ministérielle en raffermissant la confiance publique qui s'ébranle à leur égard. Ce ne serait se conduire, ni en ami du Roi, ni en ami de la patrie, ni en ami des ministres, que de le leur dissimuler.

Qn'ils se présentent donc aux Chambres avec cette franchise caractéristique de l'amour du bien public, et qu'au lieu d'y proposer purement et simplement le renouvellement intégral et septennal, ils leur proposent un projet de loi dont les bases seraient :

1.° Que la Chambre élective resterait composée des mêmes membres pendant les sessions de 1824, de 1825 et 1826 ;

2.° Que, pendant le cours de cette dernière session, les Chambres seraient appelées à délibérer sur les questions relatives au renouvellement partiel ou intégral d'une part, et, en supposant que la préférence eût été donnée au renouvellement intégral, sur la quinquennalité ou la septennalité.

De cette manière les ministres jouiraient, pendant trois Sessions, de toute la tranquillité nécessaire pour améliorer nos institutions. Ils nous donneraient celles qui pourraient nous faire préférer, sans dangers pour l'avenir et sans craintes, le renouvellement intégral au renouvellement partiel. La franchise de leur conduite porterait à un très-haut degré la confiance publique; cette confiance leur donnerait les moyens de consolider de plus en plus la légitimité, d'augmenter le bonheur de la nation. Alors la vraie gloire des ministres, celle d'avoir été aussi fidèles aux intérêts nationaux qu'au souverain lui-même, celle d'avoir été les pères de la patrie, accompagnerait et leur existence, et leur mémoire qui serait à jamais chère à la France.

FIN.

www.ingramcontent.com/pod-product-compliance
Lightning Source LLC
Chambersburg PA
CBHW061257050726
47594CB00004B/1511